Katja Königsberg

Einhorngeschichten

Mit Bildern von Elke Broska

Genehmigte Lizenzausgabe für Impian GmbH, Hamburg, 2018

Titel der deutschen Originalausgabe:
Einhorngeschichten, Katja Königsberg und Elke Broska

Einbandgestaltung: Felicitas Horstschäfer, Berlin unter Verwendung von Motiven von Elke Broska
Satz: Röser MEDIA GmbH & Co. KG, Karlsruhe
Druck und Bindung: UAB BALTO print
Printed in Lithuania
ISBN 978-3-96269-024-3

www.impian.de

Inhalt

Das Einhorn auf der Ritterburg 4

The unicorn in the knight‘s castle

Das schwarze Einhorn 12

The black unicorn

Der Prinz und das Einhorn 20

The prince and the unicorn

Das Einhorn und der Jäger 29

The unicorn and the hunter

Das Einhorn auf der Ritterburg

The unicorn in the knight‘s castle

Ein reicher Ritter hatte viele Pferde in seinem Reitstall.

Er war sehr stolz darauf und wollte immer noch mehr.

Einmal ritt er mit zwei Knappen durch den Wald.

A wealthy knight had many horses in his riding stable.

He was very proud of them and always wanted more.

Once he was riding through forest with two varlets.

Da begegnete ihnen ein Einhorn. Der Ritter befahl den Knappen, das Tier zu fangen und mitzunehmen.

In the forest they encountered a unicorn. The knight ordered the varlets to catch the animal and to take it with them.

Aber das Einhorn fühlte sich nicht wohl auf der Ritterburg. Es fraß nicht und trank nicht und ließ keinen in seine Nähe.

However, the unicorn did not feel well in the knight's castle. It neither ate nor drank and did not let anyone come near.

Der Ritter war sehr enttäuscht und verbannte es in die dunkelste Ecke des Stalls.

The knight was very disappointed and banished it to the darkest corner of the riding stable.

An einem hellen Sommermorgen kam seine Tochter Elisa dorthin. Als sie das Einhorn erblickte, war sie ganz entzückt.

On a bright summer morning, his daughter Elisa came there. When she saw the unicorn, she was delighted.

Sie trat vorsichtig heran, klopfte ihm sanft den Hals und flüsterte ihm etwas ins Ohr.

She carefully approached it, gently tapped its neck and whispered something in its ear.

Es schnaubte leise und senkte den Kopf.

It quietly snorted and sunk its head.

Elisa stieg auf seinen Rücken und ritt durch das Tor in den Wald. Der Ritter und alle Knappen sahen den beiden staunend nach.

Elisa mounted on its back and rode through the gate into the forest. The knight and all varlets went to see them leave in amazement.

Auf der Waldwiese am Bach blieb das Einhorn stehen. Es fraß das saftige Gras und trank das frische Wasser.

The unicorn stopped on the forest meadow by the stream. It ate the juicy grass and drank the fresh water.

Elisa stieg ab und sagte: „Lauf in die Freiheit!“

Da trabte das Einhorn glücklich davon.

Elisa descended and said: “Run free!”

Then the unicorn trotted away happily.

Elisa kehrte zu Fuß in die Burg ihres Vaters zurück.

Elisa returned to her father’s castle by foot.

Das schwarze Einhorn
The black unicorn

Eine Einhorn-Familie hatte drei Kinder. Die zwei ältesten waren genauso weiß wie die Eltern.

A unicorn family had three kids. The two oldest ones were as white as the parents.

Aber das jüngste war schwarz. Das gefiel ihm gar nicht. Wenn es im See sein Spiegelbild sah, fuhr es erschrocken zurück.

The youngest one was black though. It did not like that at all. When it saw its reflection in the lake, it backed off terrified.

Und wenn es mit seinen Geschwistern durch den Wald lief, schämte es sich.

When it ran through the forest with its siblings, it was ashamed.

Eines Nachts schlich es heimlich davon.

One night it secretly sneaked away.

Es gab sich große Mühe, weiß zu werden.

Es badete im See.

It made every effort to become white. It took a bath in the lake.

Es wälzte sich im Gras.

It tossed and turned in the grass.

Es rieb sein Fell an der rauen Rinde der Bäume.

It rubbed its coat against the rough bark of the trees.

Alles vergeblich! Müde und traurig lag das schwarze Einhorn schließlich am Waldrand.

All in vain! Lastly the unicorn lay by the edge of the forest, tired and sad.

Da kam eine Fee vorüber. Sie blieb stehen und sagte: „So ein schönes Tier wie dich habe ich noch nie gesehen!“
Das Einhorn seufzte:
„Aber ich bin doch schwarz!“

Then a fairy came along. She stopped and said:
“I have never seen such a beautiful animal like you!”
The horse sighed: “But I am black!”

„Ja, du bist etwas Besonderes“, antwortete die Fee. „Eben darum finde ich dich schöner als alle anderen Tiere.“

“Yes, you are something special”, the fairy answered. “For this reason, I find you more beautiful than all other animals.”

Da war das Einhorn sehr froh. Es blieb bei der Fee und trug sie durch den Wald. Ein solches Reittier hatte die Fee sich schon lange gewünscht.

The unicorn was very happy about that. It stayed with the fairy and rode her through the forest. The fairy wished for such a riding animal since long.

Der Prinz und das Einhorn

The prince and the unicorn

Es lebte einmal ein König, der hatte eine schöne Tochter. Viele Prinzen wollten sie heiraten.

Once upon a time, there was a king with a beautiful daughter.

Many princes wanted to marry her.

Aber die Prinzessin sagte: „Ich möchte mir meinen Mann selbst aussuchen!“

But the princess said: “I want to choose my husband myself!”

Da lud der König zwölf Prinzen ein, auf sein Schloss zu kommen. Elf Prinzen kamen zu Pferd. Der zwölfte ritt auf einem Einhorn.

Then the king invited twelve princes to come to his castle. Eleven of the princes came by horse. The twelfth one came riding on a unicorn.

Die Prinzessin gab allen freundlich die Hand.

Danach ging sie mit jedem im Schlosspark spazieren.

The princess kindly shook hands with all. Afterwards she went for a walk in the castle grounds with each of them.

Der Prinz mit dem Einhorn gefiel ihr am besten. Leider konnte sie ihm das weder zeigen noch sagen. Sie war zu schüchtern.

She liked the prince with the unicorn most. Unfortunately, she could neither tell him nor show him her affection. She was too shy.

Sie ging in ihr Zimmer und weinte.

She went to her room and cried.

Dann hatte sie eine Idee. Sie lief schnell zu ihrem Vater und erzählte ihm davon.

Then she had an idea. She quickly ran to her father and told him about it.

Der König lachte und nickte.

The king smiled and nodded.

Auf Befehl des Königs nahmen die Prinzen und ihre Reittiere Aufstellung unten im Schlosshof.

By order of the king, the princes and their riding animals assembled down in the castle yard.

Die Prinzessin rief vom Balkon: „Wer meinen Armreif fängt, soll mein Gemahl werden.“

The princess shouted from the balcony: “Whoever catches my bracelet, shall become my spouse.”

Elf Prinzen reckten ihre Lanzen und Speere.

Nur der Prinz mit dem Einhorn saß still im Sattel.

Die Prinzessin nahm den Armreif und warf ihn hinab.

Eleven princes raised their lances and spears. Only the prince with the unicorn sat still in his saddle. The princess took the bracelet and threw it down.

Unter den Pferden gab es ein wildes Durcheinander.
Aber das Einhorn hob ruhig den Kopf und fing den
Armreif mit seinem Horn mühelos auf.

There was a wild confusion among the horses.
However, the unicorn gently lifted its head and caught
the bracelet effortlessly with its horn.

Die Prinzessin eilte hinunter, klopfte dem Einhorn den Hals und umarmte den Prinzen. Bald wurde im Schloss eine prächtige Hochzeit gefeiert.

The princess rushed downstairs, tapped the unicorn's neck and hugged the prince. Soon, a magnificent wedding was celebrated in the castle.

Das Einhorn und der Jäger
The unicorn and the hunter

Mitten im Wald lebte einmal ein Einhorn. Der Wald war schöner als jeder andere.

Once upon a time, a unicorn lived in the middle of the forest. The forest was more beautiful than any other one.

Wo das Einhorn entlanglief, trugen die Bäume mehr Laub und die Sträucher mehr Beeren. Das Moos war weicher und das Farnkraut wuchs höher. Alle Tiere liebten das Einhorn.

Wherever the unicorn walked along, the trees carried more leaves and the bushes carried more berries. The moss was softer and the bracken grew higher. All animals loved the unicorn.

Aber eines Tages kam ein Jäger. Der sah das Einhorn und dachte: Das schöne Horn dieses Tieres muss ich unbedingt haben! Von da an ließ er das Einhorn nicht mehr aus den Augen.

One day, however, a hunter came. He saw the unicorn and thought: I need to have the beautiful horn at all cost! From then on, he kept sight of the unicorn.

Als es einmal unter einem Baum tief und fest schlief, setzte er sich auf seinen Rücken und brach das Horn ab.

When it once slept deeply underneath a tree, he hopped on its back and snapped off the horn.

Dann rannte er mit seiner Beute in Windeseile davon.

Then he ran away with his capture in no time.

Das Einhorn erwachte von heftigen Schmerzen.

Sofort ahnte es Böses und lief zum See.

Als es sein Spiegelbild sah,

erschrak es zu Tode.

The unicorn woke up from intense pain.

It promptly anticipated mischief and ran

to the lake. When it saw its reflection,

it was scared to death.

Ohne Horn sollte es niemand sehen. Es verkroch sich in seiner Höhle und kam nicht wieder heraus.

Nobody shall see it without its horn. It crawled away into its cave and did not come out again.

Da verloren die Bäume ihr Laub und die Sträucher ihre Beeren. Das Moos schrumpfte und das Farnkraut welkte. Alle Tiere waren sehr traurig.

From then on, the trees lost their leaves and the bushes lost their berries. The moss shrinked and the bracken wilted. All the animals were very sad.

Viele Wochen vergingen. Eines Tages merkte das Einhorn, dass sich an seiner Stirn etwas verändert hatte.

Many weeks passed. One day, the unicorn noticed its forehead changing

Es verließ seine Höhle und trabte eilig zum See.

Oh Wunder!

It left its cave and swiftly trotted to the lake. Oh dear!

Im Wasser sah es: Sein Horn war nachgewachsen!

In the water it saw: Its horn grew back!

Voller Glück lief das Einhorn kreuz und quer durch den Wald. Da trieben die Bäume neues Laub und an den Sträuchern hingen die saftigsten Beeren.

Full of joy, the unicorn ran crisscross through the forest. Then the trees grew new leaves and the juiciest berries hung from the bushes.

Bald war das Moos so weich und das Farnkraut so groß wie noch nie.

Soon the moss was as soft and the bracken as big as never before.

Alle Tiere tanzten vor Freude um das Einhorn herum.

All animals danced for joy around the unicorn.

DER NEUE FUSSBALL
Zweisprachige Kinderbücher

Das Buch

Zum ersten Zeugnis bekommt Tommi von Papa einen neuen Fußball. Ist doch klar, dass er ihn gleich ausprobieren muss! Aber wer spielt mit ihm? Papa und seine Schwester Ute haben keine Zeit. Tommi macht sich mit seinem Hund Wolli auf die Suche ... eine Fußballgeschichte auf Deutsch und Englisch.

- Einfache und kurze Textabschnitte in Fibelschrift
- Sehr viele texterklärende Bild
- Farbig markierte Wörter zum schnellen Finden der Übersetzung

Altersempfehlung

Erstlesealter, ab 5 Jahre

Erhard Dietl (Autor), Wilfried Gebhard (Illustrator)
Der neue Fußball . The new football
Ca. 40 Seiten, durchgehend farbig bebildert
ISBN 978-3-96269-027-4
Gebunden, 170 x 240 mm

€ 6,95